ESSAI

SUR

L'ALPHABET

Cet Ouvrage se trouve aussi chez l'Auteur,
Rue de Rennes, 129.

Tous les exemplaires sont revêtus de sa signature.

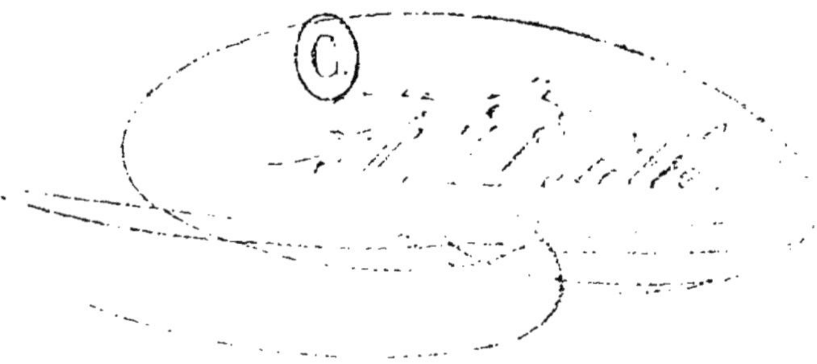

Paris. Imprimerie de P.-A. BOURDIER et Cie, rue des Poitevins, 6.

ESSAI

SUR

L'ALPHABET

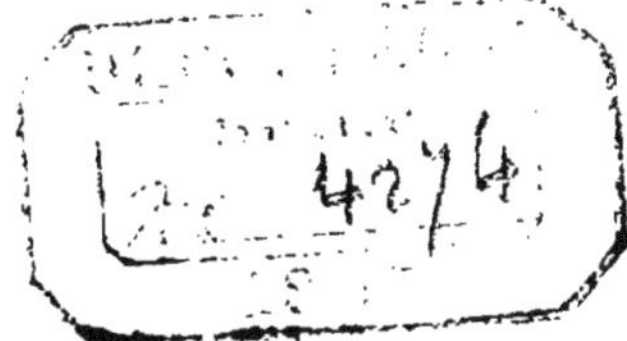

DESTINÉ

A SERVIR DE COMPLÉMENT

AUX DIVERSES MÉTHODES DE LECTURE

ET A ÊTRE EMPLOYÉ

COMME LIVRE DE LECTURE COURANTE

PAR

M. François DELILLE

PROFESSEUR

Auteur des *Principes et Problèmes d'Arithmétique et de Système métrique*

PRIX : CENTIMES

PARIS

LIBRAIRIE CLASSIQUE DE JULES DELALAIN ET FILS

Rue des Écoles, 76, vis-à-vis de la Sorbonne.

—

1867

AUTRES OUVRAGES DU MÊME AUTEUR,

QUI SE TROUVENT A LA MÊME LIBRAIRIE :

PRINCIPES ET PROBLÈMES D'ARITHMÉTIQUE ET DE SYSTÈME MÉTRIQUE, démontrés et résolus par le raisonnement, et accompagnés de problèmes à résoudre servant d'exercices; à l'usage des Aspirants et des Aspirantes aux brevets de capacité, des Aspirantes au certificat d'études, des Pensions et des Écoles primaires. Ouvrage adopté par le comité central d'instruction primaire du département de la Seine. 9e édition, avec figures intercalées dans le texte. Un volume in-12, cart. 2 fr.

PREMIÈRES NOTIONS D'ARITHMÉTIQUE ET DE SYSTÈME MÉTRIQUE, accompagnées de 400 exercices et problèmes faciles, à l'usage des classes élémentaires. Ouvrage destiné à préparer les plus jeunes élèves à l'étude des *Principes et Problèmes d'Arithmétique et de Système métrique* du même auteur. 8e édition, avec figures intercalées dans le texte. Un volume in-12, cart. Prix : 90 c.

NOUVEAU QUESTIONNAIRE D'ARITHMÉTIQUE ET DE SYSTÈME MÉTRIQUE, renfermant les questions de théorie et les problèmes les plus remarquables posés dans les dernières sessions d'examens pour l'Instruction primaire, tant à Paris que dans les départements, suivis de leurs réponses; à l'usage des Instituteurs et des Institutrices, des Aspirants et des Aspirantes aux brevets de capacité, et des Aspirantes au certificat d'études. 2e édition. Un volume in-12, broché. Prix : 50 c.

PRINCIPES DE COSMOGRAPHIE, renfermant la solution des questions de Géométrie et de Cosmographie qui sont adressées dans les examens de l'Hôtel-de-Ville de Paris. Ouvrage destiné aux Établissements d'instruction secondaire, aux Aspirantes au diplôme de maîtresse de pension et aux Écoles primaires supérieures. 6e édition. Un volume in-12, cart. Prix : 1 fr. 60 c.

PRÉFACE

Ce petit livre ne vise pas à être une *Méthode de lecture* ou à en tenir lieu. Comme je l'indique dans le titre, il n'est destiné qu'à servir de complément aux diverses méthodes de lecture, et, en cette qualité, à être donné aux jeunes enfants comme livre de lecture courante.

Les méthodes de lecture, quand elles ont conduit l'enfant, par des exercices gradués, à ce résultat important de *savoir lire,* lui offrent, pour le perfectionner, quelques pages de lectures courantes ; mais ces pages, nécessairement peu nombreuses, seraient par cela même insuffisantes. C'est pourquoi, à l'étude des méthodes de lecture, succède, pour le commençant, l'étude des *livres* dits *de lecture courante*. Ces livres, conçus pour la plupart avec une parfaite intelligence de ce qui peut être le plus profitable aux jeunes élèves, les initient à une foule de notions, de connaissances à la fois indispensables et intéressantes; mais ils présentent, il me semble, au point de vue du perfectionnement dans l'art de lire, un inconvénient attaché d'ailleurs à tous les autres livres qu'on peut faire lire aux enfants : ils ne mettent plus guère sous leurs yeux, ou ne les leur offrent que quand le hasard de la phrase les amène, les difficultés sérieuses de la lecture, les mots vraiment embarrassants à bien prononcer. Aussi, voit-on souvent des enfants qui lisent depuis trois ou quatre ans, et qui continuent à hésiter devant les mots qui leur sont inconnus, devant ceux dont l'orthographe les surprend.

Si je ne m'abuse, ce modeste *Essai sur l'Alphabet* pourra contribuer à combler cette lacune, et remédier à l'inconvénient que je viens de signaler. Sans prétendre qu'il doive être substitué aux excellents livres de lecture courante qui existent déjà, je pense qu'il pourra prendre place parmi ses devanciers, et alterner avec eux dans les leçons de lecture à haute voix.

Il contient, en effet, et sans omission importante, je l'espère, les notions générales sur l'alphabet, la prononciation exacte de toutes les lettres, les prononciations différentes qu'affectent certaines d'entre elles, l'énumération des lettres manquantes et des combinaisons imaginées pour les remplacer; enfin, l'indication des superfluités, des lacunes, des irrégularités de notre alphabet, et des causes probables qui les ont produites. Dans un appendice placé à la fin du volume, j'ai cherché, pour répandre plus d'intérêt sur ce travail et le compléter, à remonter à l'origine de la forme des lettres. Comme je me suis efforcé de présenter ces diverses explications dans un style aussi simple et aussi clair que je l'ai pu, j'aime à croire que leur lecture à haute voix sera pour l'enfant un bon exercice de lecture courante, en même temps qu'elle meublera son esprit de notions utiles. Mais, à l'appui des prononciations indiquées, des groupes établis, j'ai dû nécessairement donner des mots comme exemples, et je les ai donnés nombreux ; de sorte que l'élève retrouvera, dans ces séries de mots réunis par catégories, les difficultés qu'il avait déjà rencontrées en apprenant à lire, moins la sécheresse et l'ennui de ces longues listes de vocables que ne relie entre eux aucune explication instructive ou attrayante. Voilà pourquoi j'ai exprimé l'espoir que ce court volume, exécuté d'après le plan que je viens d'indiquer, pourra aider les jeunes enfants à se fortifier dans l'art difficile de lire et de bien lire.

Aux mêmes titres, cet *Essai* me paraît devoir être étudié avec profit par les jeunes étrangers des deux sexes, qui viennent chercher en grand nombre dans notre pays la connaissance et la prononciation exactes de la langue française.

Peut-être enfin les Aspirants et les Aspirantes aux brevets de capacité trouveront-ils que ce petit traité peut servir de complément utile à leurs études grammaticales, en leur offrant la théorie développée de l'alphabet et de la prononciation, théorie que les grammaires ne donnent généralement qu'en termes très-succincts.

J'ai donc eu en vue, dans cet écrit, d'aborder, sous une forme que je crois neuve, une question de langage du plus haut intérêt, et de donner, par cela même, à l'enseignement élémentaire, un petit livre qui m'a semblé lui manquer. Je m'estimerai heureux si cet opuscule, répondant à cette double pensée, obtient l'assentiment des personnes vouées à l'instruction de l'enfance.

ESSAI

SUR

L'ALPHABET

INTRODUCTION

Je me propose, dans ce petit ouvrage, de dire d'abord quelques mots de l'alphabet en général, et d'étudier ensuite avec détail l'alphabet français.

Ce n'est pas là, comme on pourrait le croire, un travail oiseux ou puéril, car il se rattache aux origines mêmes du langage. Je vais donc traiter cette importante question de philologie (*) avec toute l'attention qu'elle mérite, et avec toute la clarté dont je serai capable.

(*) *Philologie*, science du langage. Ce mot est dérivé de deux mots grecs qui signifient *ami du langage*.

CHAPITRE PREMIER

DE L'ALPHABET EN GÉNÉRAL

ET SPÉCIALEMENT DE L'ALPHABET FRANÇAIS

La *parole* est un don que Dieu a fait à l'homme, et par lequel celui-ci peut exprimer ses idées, ses sentiments, ses volontés, à l'aide du *langage*, c'est-à-dire des mots.

Les *mots* que prononce la voix humaine se composent de *syllabes* qui sont formées elles-mêmes de sons, d'articulations et parfois d'aspirations. Ainsi dans le mot **mari**, qui a deux syllabes, il y a deux sons, **a** et **i**, et deux articulations, **m** et **r**; et dans **un hameau**, la première syllabe de **hameau** se prononce avec aspiration (*).

Les *sons* viennent de la poitrine : ils sont produits par les poumons, la trachée-artère, le larynx,

(*) Le mot *syllabe* est dérivé de deux mots grecs qui signifient *prendre avec*. En effet, toutes les lettres dont se compose une syllabe sont prises ensemble dans la prononciation, sont énoncées par une seule émission de voix.

c'est-à-dire par les parties internes de l'appareil vocal.

Les *articulations*, au contraire, sont produites par les lèvres, la langue, le palais et les dents, c'est-à-dire par les parties externes de ce même appareil vocal.

Quant à l'*aspiration*, elle est produite par un mouvement particulier des muscles de la poitrine, mouvement dont il est facile de se rendre compte en prononçant les mots **un hanneton, le Sahara**.

Les *lettres* sont des signes conventionnels à l'aide desquels on représente, dans l'écriture, les sons, les articulations et les aspirations ; c'est-à-dire que, quand nous lisons telle ou telle lettre, elle nous indique que nous avons à produire avec la voix tel son, ou telle articulation, ou bien l'aspiration.

Les lettres représentant les sons sont appelées en français *voyelles ;* elles sont ainsi nommées parce qu'elles forment toutes seules une voix, un son.

Les lettres représentant les articulations sont appelées en français *consonnes*. Elles sont ainsi nommées du latin *cum sonare* (sonner avec), parce qu'en effet elles ne peuvent sonner qu'en agissant sur les voyelles ; toutes seules il leur serait impossible de sonner, c'est-à-dire d'être entendues, puisqu'elles ne représentent qu'un mouvement des lèvres, ou de la langue entre les dents ou contre le palais.

L'aspiration, qui est unique en français, n'y est aussi représentée que par une seule lettre qui est l'**h**, dite **h** *aspirée,* comme dans **héros**, **haine.**

L'ensemble de toutes les lettres dont un peuple se sert pour écrire les mots de sa langue constitue son **alphabet,** nom dérivé des deux premières lettres de l'aphabet grec, qui étaient comme chez nous *a* et *b*, et qui se prononçaient *alpha* et *bêta*.

Nous appelons encore quelquefois, mais rarement, notre alphabet français *abécédaire*, mot qui vient de nos quatre premières lettres : *a*, *b*, *c*, *d*.

Ces principes posés, il est évident que l'alphabet d'une langue, pour être parfait, devrait :

1° Renfermer autant de lettres que la voix des hommes qui parlent cette langue peut formuler de sons, d'articulations et d'aspirations simples.

2° Ne pas renfermer deux ou plusieurs lettres pouvant se prononcer de la même manière, c'est-à-dire représentant le même son ou la même articulation.

3° Ne pas renfermer de lettre pouvant se prononcer de deux ou plusieurs manières différentes, c'est-à-dire pouvant représenter plusieurs articulations ou plusieurs sons différents.

4° Enfin ne pas renfermer de lettre équivalant à elle seule à deux ou plusieurs autres lettres, parce que chaque lettre étant un signe unique, ne devrait aussi représenter qu'un seul son ou qu'une seule articulation; et que d'ailleurs en écrivant à la suite ces lettres auxquelles une seule équivaut, et qui, elles, sont indispensables, puisqu'elles sont signes simples de sons ou d'articulations simples, elles remplissent ensemble l'office de cette lettre à destination multiple, et la rendent conséquemment inutile.

Nous verrons, dans la suite de cet écrit, si notre alphabet français remplit les diverses conditions que je viens d'énumérer.

Cet alphabet, comme on sait, se compose de *vingt-six* lettres qui sont : **a**, **b**, **c**, **d**, **e**, **f**, **g**, **h**, **i**, **j**, **k**, **l**, **m**, **n**, **o**, **p**, **q**, **r**, **s**, **t**, **u**, **v**, **w**, **x**, **y**, **z**.

Ces lettres se divisent, comme il a été dit, en *voyelles* représentant les sons, et en *consonnes* représentant les articulations.

Quant à l'**h** *aspirée*, qui est, ainsi qu'on l'a vu, le signe de l'aspiration, on n'en fait pas un groupe à part : on la classe généralement et à tort, selon moi, bien qu'elle ne puisse sonner toute seule, parmi les consonnes, ainsi que l'**h** *muette*, qui est, comme caractère d'écriture, la même lettre que l'**h** *aspirée*. Je reparlerai donc de l'une et de l'autre en traitant des consonnes.

En conséquence, je vais m'occuper premièrement des voyelles, et secondement des consonnes.

CHAPITRE II

DES VOYELLES

Les *voyelles*, a-t-il été dit, expriment à elles seules une voix, un son.

L'alphabet français renferme *six* voyelles, qui sont : **a**, **e**, **i**, **o**, **u**, **y**.

La voyelle **a** n'a jamais que le même son. Seulement ce son unique **a** se prononce tantôt longuement, c'est-à-dire avec lenteur et en ouvrant largement la bouche, et tantôt brièvement, c'est-à-dire avec rapidité et en ouvrant peu la bouche. Ainsi la voyelle **a** est *longue* dans **bras**, **las**, **hâte**, **mâtin**; et elle est *brève* dans **rat**, **chat**, **patte**, **latte**, **matin.** On remarquera que l'accent circonflexe placé sur un **a** ne surmonte jamais qu'un **â** long, mais que tous les **a** longs ne sont pas surmontés de l'accent circonflexe. En général, l'accent circonflexe surmontant une voyelle est moins destiné à indiquer que cette voyelle est longue, qu'à marquer la suppression d'une lettre qui existait autrefois dans le mot : ainsi, les mots **âge, châle, tête, épître, apôtre, flûte** s'écrivaient jadis **aage, chasle, teste, épistre, apostre, fluute**, et l'accent circonflexe sert à rappeler cette lettre disparue.

La voyelle **e** n'a son véritable son que quand elle se prononce comme dans **me, te, se**. Dans ce cas, on l'appelle **e** *muet*, parce qu'en effet, même quand cet **e** se prononce le plus fortement, il a toujours un son sourd et étouffé. Quand l'**e** muet est à la fin des mots, il se prononce à peine, et souvent pas du tout. L'**e** muet n'est jamais surmonté d'aucun accent ; mais on va voir que l'**e** non surmonté d'un accent n'est pas toujours muet. Ici donc, ce ne sont pas les accents, mais la prononciation seule consacrée par l'usage, qu'il faut consulter.

Quand la voyelle **é** ou **e** se prononce comme dans **vérité**, comme dans la conjonction **et**, comme dans **archer, cocher, collier, panier, nez**, comme dans **aimer, danser**, c'est-à-dire comme dans le présent de l'infinitif de tous les verbes de la première conjugaison, on l'appelle **é** *fermé*. On remarquera que l'accent aigu placé sur un **é** ne surmonte jamais qu'un **é** fermé, mais que tous les **é** fermés ne sont pas surmontés d'un accent aigu. L'**é** fermé est un son tout à fait à part, n'ayant aucune ressemblance avec le son **e**; il y a donc lieu de noter pour ce son, dans l'alphabet, l'absence d'une lettre spéciale servant à le représenter.

Quand la voyelle **è, ê** ou **e** se prononce comme dans **procès**, **têtu**, **bref**, **miel**, **net**, **fer**, **clerc**, **vert**, **vers**, on l'appelle **è** *ouvert*. On remarquera que l'accent grave ou l'accent circonflexe placé sur un **è** ou un **ê** ne surmonte jamais qu'un **è** ouvert, mais que tous les **è** ouverts ne sont pas surmontés d'un accent grave ou circonflexe. En général, l'**è** ouvert non surmonté d'accent ou surmonté de l'accent grave est un **è** ouvert bref, comme dans **succès**, **nef**, **sel**, **net**, **cher**; et l'**ê** ouvert surmonté de l'accent circonflexe est un **ê** ouvert long, comme dans **tête**, **fête**. L'**è** ouvert est aussi un son tout à fait à part, et n'ayant aucune ressemblance avec les sons **e** ou **é**; il y a donc encore lieu de signaler pour ce son, dans l'alphabet, l'absence d'une lettre spéciale servant à le représenter.

Des exemples cités dans les deux paragraphes

précédents, on doit conclure que l'**e** non surmonté d'accent n'est **é** fermé ou **è** ouvert que quand, dans la syllabe dont il fait partie, il est suivi d'une consonne.

La voyelle **i** n'a jamais que le même son, qui est tantôt long, comme dans **île**, **épître**, et tantôt bref comme dans **petite**, **mérite**.

La voyelle **o** a toujours aussi le même son, tantôt long comme dans **dose**, **rose**, **dévotion**, **dépôt**, **hôte**, **apôtre**, et tantôt bref comme dans **Rome**, **hotte**, **botte**.

La voyelle **u** n'a jamais, de même, en français, que ce seul son **u**, parfois long comme dans **chute**, **flûte**, et parfois bref comme dans **chut**, **hutte**.

La sixième voyelle **y** se prononce comme un seul **i** au commencement et à la fin des mots, et quand elle est placée entre deux consonnes, comme dans **Ypres**, **yacth**, **yole**, **Chambéry**, **Isigny**, **type**, **hydrogène**, **physique**; quand elle se trouve entre deux voyelles, comme dans **balayer**, **essuyer**, **tuyau**, **voyage**, elle se prononce comme deux **i**. Dans les deux cas, elle fait double emploi avec la voyelle **i**; et, s'il est indispensable pour l'orthographe de maintenir l'**y** dans les mots où il figure, afin de leur conserver leur physionomie propre, toujours est-il que, comme caractère servant à représenter un des sons produits par la voix humaine, c'est une lettre superflue. Son nom d'*i grec* lui vient de ce qu'il annonce que la plupart des mots où il entre viennent en effet du grec ancien, et dans ce cas il remplace dans ces mots la lettre grecque **u**, qui se prononçait *upsilon*.

L'étude des voyelles nous a fait reconnaître jusqu'ici, dans l'alphabet, l'absence de deux lettres nécessaires et un double emploi. Si nous continuons cet examen, nous découvrirons d'autres lacunes et d'autres irrégularités.

Ainsi, outre les sons dont nous venons de nous occuper, il y a encore bien des sons simples que nos voix françaises produisent, qui mériteraient, eux aussi, d'être représentés chacun par une seule lettre, et auxquels cette lettre spéciale fait défaut.

Tels sont les sons **eu**, **ou**, et les *voyelles* dites *nasales* **an**, **in**, **on**, **un**, qui sont en eux-mêmes des sons tout aussi simples que **a**, **o**, **u**, et que, faute d'une seule lettre pour les écrire, on est obligé d'écrire avec deux lettres adoptées conventionnellement et arbitrairement. Je dis conventionnellement et arbitrairement, car au fond **o-u** ne feront jamais que **o-u**, et ce n'est que par suite d'un accord que l'on est arrivé à faire prononcer **ou** ces deux lettres juxtaposées ; il en est de même pour le son **eu** et les voyelle nasales.

J'appellerai ces sons **eu**, **ou**, **an**, **in**, **on**, **un**, des voyelles simples en elles-mêmes, mais doubles seulement dans l'écriture. Et si nous y joignons ces autres voyelles simples **é**, **è** ou **ê**, nous verrons que notre alphabet est loin de renfermer autant de lettres qu'il lui en faudrait pour représenter tous les sons ou voyelles simples que la langne française nous permet de faire entendre.

Je n'ai pas besoin d'ajouter que les voyelles simples au fond, mais doubles seulement dans la forme, ne doivent pas être confondues avec les *diphthongues*, qui, étant de véritables *voyelles doubles* en elles-mêmes, c'est-à-dire faisant entendre à la fois *deux sons* distincts, comme l'indique leur nom de diphthongue, sont avec raison doubles aussi dans l'écriture. Telles sont les diphthongues **ia**, **ie**, **ié**, **iè**, **io**, **iu**, **ui**, **aï**, **oï**, **aü**, **ya**, **yé**, **yo**, **yu**, que l'on trouve dans **fiacre**, **patrie**, **hier**, **amitié**, **hiérarchie**, **fièvre**, **pioche**, **Marius**, **iule** (animal myriapode), **huile**, **tuile**, **haïssable**, **Isaïe**, **Moïse**, **Saül**, **yacth** (sorte de navire), **yatagan**, **yèble** (plante), **yole** (léger canot), **yucca** (arbrisseau), et qui, écrites avec deux lettres, font entendre deux sons très-distincts et consécutifs quand on les prononce.

Certains auteurs de méthodes de lecture classent la voyelle **oi** parmi les voyelles simples au fond et doubles seulement dans l'écriture. Je pense, au contraire, que c'est une vraie diphthongue, car elle laisse entendre distinctement les deux sons **o-a**, quelque rapidement qu'elle soit prononcée.

Parmi les diphthongues on doit encore compter **oin, ouin, uin, iau, ieu, yeu, ian, ien, ion**, que l'on rencontre dans **oindre, joindre, point, marsouin, babouin, suinter, miaulement, Dieu, yeux, yeuse** (sorte de chêne), **fiancée, chrétien, lion, portion**, parce que ces voyelles, bien que triples ou quadruples dans l'écriture, ne font pourtant entendre, quand on les prononce, que deux sons distincts.

Mais nous appellerons *voyelles triples* : **uia, uie, uya, uye, uyer, uyé, uyez, uyons, uyant, oya, oyer, oyé, oyez, oyan ou oyant, oyons**, que l'on rencontre dans **alleluia, parapluie, suie, thuya** (arbre vert), **il s'appuya, il s'appuye, appuyer, appuyé, vous appuyez, nous appuyons, appuyant, voyage,**

il envoya, **envoyer**, **envoyé**, **vous envoyez**, **nous envoyons**, **envoyant**, **croyance**, parce que ces voyelles, qu'elles aient trois, quatre ou cinq lettres, laissent entendre, quand on les prononce, trois sons distincts et consécutifs.

On entendra même quatre sons distincts, et par conséquent on trouvera des *voyelles quadruples* au fond et dans l'écriture, dans **essayée**, **appuyée**, **envoyée**.

Je ne parle que pour mémoire des voyelles **ai**, **ei**, **ais**, **ait**, **aix**, **au**, **eau**, **aut**, **aud**, **aux**, **ot**, **en**, **ain**, **ein**, **ym**, que l'on trouve dans **je dirai**, **balai**, **peigne**, **frais**, **portrait**, **faix**, **tuyau**, **tableau**, **saut**, **lourdaud**, **faux**, **canot**, **encre**, **encore**, **Bastien**, **craindre**, **peindre**, **thym**, **nymphe**, parce que ces voyelles, simples au fond, et doubles ou triples seulement dans la forme, font néanmoins double emploi dans la prononciation avec les voyelles déjà nommées **é**, **è**, **ê**, **o**, **an**, **in**. Il n'y a donc pas lieu de mentionner pour elles l'absence d'une lettre spéciale. Ces sortes de voyelles, se prononçant de même que d'autres voyelles, mais s'écrivant différemment, sont appelées avec raison par certains auteurs de méthodes de lecture, *voyelles équivalentes*.

Cette dernière réflexion s'appliquera également à la double lettre **œ**, la seule que l'on rencontre dans la langue française, et qui est aussi une voyelle simple en elle-même. On reconnaîtra seulement que cette double lettre peut se prononcer de quatre manières différentes. Ou elle a la prononciation de l'**é** fermé, comme dans **œcuménique, œsophage, œnophile, œnophore** ; ou elle a la prononciation de l'**è** ouvert, comme dans **œstre** (sorte d'insecte); ou elle a la prononciation de **eu** long et doux, comme dans **nœud, vœu** ; ou elle a la prononciation de **eu** bref et dur, comme dans **œuf, bœuf, cœur, sœur, œuvres, mœurs, œil, œillet**. La double lettre **œ** ne peut donc pas être regardée comme une voyelle distincte, puisqu'elle fait quadruple emploi avec d'autres voyelles qui se rencontrent très-fréquemment dans la prononciation : c'est encore une *voyelle équivalente*.

Enfin, je ferai remarquer relativement aux voyelles, que, comme elles peuvent sonner toutes seules, elles peuvent seules aussi former une syllabe sans être accompagnées de consonnes, comme on le voit dans les mots **ami, épée, idole, ovale, usine, ypréau** (espèce d'orme), **œnomètre, aiguille, auvent, encre, infant, huissier**. (Il est inutile de faire observer que l'n qui figure dans les premières syllabes des mots *encre*, *infant*, ne peut pas être ici considérée comme une consonne, puisqu'elle fait partie des voyelles nasales *en*, *in*. Il en est de même de l'*h* qui se trouve dans *huissier*, et qui, étant d'ailleurs muette, n'influe en rien sur la prononciation de la diphthongue *ui*.

Ayant, dans ce chapitre, consigné sur les voyelles tout ce qu'il y a, je crois, d'essentiel à en dire, je vais, dans le chapitre suivant, parler des consonnes.

CHAPITRE III

DES CONSONNES

Les *consonnes*, ainsi qu'on l'a vu, ne peuvent être entendues qu'en agissant sur les voyelles : elles doivent attaquer celles-ci à leur sortie du gosier, afin de sonner avec elles.

Dans cette action exercée par la consonne sur la voyelle, tantôt la consonne précède la voyelle, comme dans **ma, si**; tantôt elle la suit, comme dans **ut**, **os**; tantôt enfin la voyelle est à la fois précédée d'une consonne et suivie d'une autre, comme dans **mal**, **sur**.

Il arrive encore que deux ou trois consonnes consécutives agissent à la fois sur la même voyelle, soit en la précédant, soit en la suivant, comme dans **blanc**, **place**, **trouble**, **bruit**, **scrutin**, **sclé-**

rotique, **strapontin**, **splendeur**, **sprate** (sorte de poisson), **tact**, **arc**, **turc**.

L'alphabet français contient *vingt* consonnes, en comptant parmi elles la lettre *h*. Ces vingt consonnes sont : **b**, **c**, **d**, **f**, **g**, **h**, **j**, **k**, **l**, **m**, **n**, **p**, **q**, **r**, **s**, **t**, **v**, **w**, **x**, **z**.

La consonne **b** se prononce toujours, et toujours de la même manière. Exemples : **bal**, **bois**, **blanc**, **bruit**, **nabab**, **baobab**.

Le **c** peut se prononcer dur ou doux. Le **c** dur fait triple emploi avec le **k** et le **q**, et, toutes les fois qu'il se prononce, il se prononce comme ces deux lettres ; exemples : **car**, **coin**, **curé**, **cloître**, **crême**, **lac**, **grec**, **choc**, **tic**, **stuc** ; on voit par ces exemples que le **c** est dur devant les consonnes, à la fin des mots où il se prononce, et, quand il est sans cédille, devant les voyelles **a**, **o**, **u**. Le **c** doux fait double emploi avec l'**s**, se prononce comme elle quand elle n'a pas la prononciation du **z**, et se prononce toujours ; exemples : **cerise**, **César**, **cèdre**, **cire**, **Cyrus**, **façade**, **poinçon**, **reçu** ; on voit par ces exemples que le **c** est doux sans cédille devant les voyelles **e**, **é**, **è**, **i**, **y**, et avec cédille devant les voyelles **a**, **o**, **u**.

Le **d**, quand il se prononce, se prononce toujours de la même manière. Exemples : **date, dent, docteur, mordu, drapeau, dressoir, drôle, Bagdad, caïd, le Cid, échidné, Nemrod.**

La consonne **f**, quand elle se prononce, se prononce toujours de la même manière ; exemples : **fait, café, fort, furet, fleuve, France, naïf, craintif. nef, œuf** au singulier, **veuf, neuf** (nouveau), **tuf**. Il y a toutefois exception pour l'**f** qui termine l'adjectif numéral **neuf**. L'**f** de cet adjectif numéral n'a sa prononciation naturelle que quand ce mot termine une phrase ou un membre de phrase, comme dans *ma maison porte le numéro* **neuf**, *vous avez le* **neuf** *et j'ai le dix ;* mais quand cet adjectif de nombre est suivi, dans un membre de phrase, d'un mot commençant par une voyelle, ou une **h** muette, son **f** se prononce comme un **v**, comme dans **neuf arbres, neuf hommes,** qui se disent **neuv-arbres, neuv-hommes**; et si cet adjectif de nombre est suivi d'un mot commençant par une consonne ou une **h** aspirée, son **f** ne se prononce pas, comme dans **neuf maisons, neuf hameaux**, qui se disent **neu maisons, neu hameaux**. On verra plus loin que l'**f** ne se prononce pas non plus dans **clef**, et dans **œuf** écrit au pluriel, **des œufs**, où l'**f** et l'**s** finales ne se prononcent ni l'une ni l'autre.

Le **g** peut se prononcer dur ou doux. Le **g** dur, toutes les fois qu'il se prononce, se prononce de la même manière, comme dans **gare, gai, gosier, figure, gnomon, zigzag, zug**; on voit par les quatre premiers exemples que le **g** est dur devant **a, o, u**; quand, devant ces trois voyelles, il se prononce doux, il est toujours suivi d'un **e**, comme dans **tu mangeais, geai, gageure, Georges**. Le **g** doux fait double emploi avec le **j**, il se prononce comme lui et se prononce toujours, comme dans **genre, page, génie, gêne, girafe, magique, gymnase, gymnote**; ces exemples montrent que le **g** est doux devant les voyelles **e, é, è, i** et **y**.

L'**h**, ainsi que je l'ai déjà dit, est à tort, selon moi, rangée parmi les consonnes, puisque, même quand elle est *aspirée*, auquel cas elle a le plus de valeur, elle ne modifie cependant pas la prononciation de la voyelle qu'elle précède : elle la fait seulement prononcer avec aspiration. Exemples : **hanneton, héros, Sahara.**

Quand l'**h** est *muette*, elle est bien moins consonne encore, car elle passe totalement inaperçue dans la prononciation. Dans ce cas, elle est comme un simple signe d'orthographe, indiquant en général la présence de la même lettre ou d'une lettre analogue dans la langue ancienne ou étrangère d'où le mot français est dérivé. Exemples : **homme, malheur, chrême, Christ, chrysalide, chlore, thème, méthode, cathédrale, Blidah, zénith.**

Le **j** fait double emploi avec le **g** doux, se prononce comme lui, et se prononce toujours. Exemples : **jadis, jais, majesté, Jésus, majorité, jujube, joujou.**

Le **k** fait triple emploi avec le **c** dur et le **q** ; il se prononce comme ces deux lettres, et se prononce toujours. Exemples : **Kabylie, kermesse, kiosque, kyrielle.**

La consonne **l**, quand elle se prononce, se prononce toujours de la même manière. Exemples : **lac, leçon, légal, lèvre, livre, loge, lutte, lyre, blanc, clef, plume, bal, Noël, aïeul, fil, col, recul.**

La consonne **m**, quand elle ne fait pas partie d'une voyelle nasale où elle remplit la même fonction que l'**n**, se prononce toujours, et toujours de la même manière. Exemples : **mage, Rome, mérite, mère, même, ami, muet, myope, tamtam, Cham, Jérusalem, Naïm, Edom, rhum, Emmanuel.**

La consonne **n**, quand elle ne fait pas partie d'une voyelle nasale, ou de la finale muette **ent** terminant une troisième personne du pluriel d'un temps de verbe, se prononce toujours, et toujours de la même manière. Exemples : **canal, neige, vanité, noce, nuit, anonyme, amen.**

Le **p**, quand il n'est pas suivi de l'**h**, et qu'il se prononce, se prononce toujours de la même manière. Exemples : **page, peur, pierre, poids, pugilat, pyrite, planche, prince, pseudonyme, ptilose** (chute des cils), **cap**.

La consonne **q** fait triple emploi avec le **c** dur et le **k**, il se prononce comme ces deux lettres, et se prononce toujours. Exemples : **quatre, querelle, quinte, quolibet, aqueduc, équivalent, coquille, coq.** On voit, par ces exemples, que la lettre **q** ne se présente non suivie d'un **u** qu'à la fin de la syllabe. Au commencement de la syllabe le **q** est toujours suivi d'un **u**. Dans beaucoup de mots cet **u** ne se prononce pas, comme dans tous les mots cités plus haut et dans bien d'autres encore, tels que **quarante, quantité, question, équité, quinquet.** Dans d'autres mots, cet **u** se prononce, et avec sa consonnance française **u**, comme dans **équilatéral, questure, quinquagésime**, qui doivent se lire **équilataréal, qu-esture, qu-inqu-agésime**. Dans d'autres mots enfin, cet **u** se prononce **ou** ainsi que dans l'italien, comme dans **quadrilatère, équateur, aquatique, quoique**, qui doivent se lire **kouadrilatère, ékouateur, akouatique, kouaque.**

La consonne **r**, quand elle se prononce, se prononce toujours de même manière. Exemples : **race, retard, vérité, rose, ruine, branche, cresson, dryade, rendre, front, gruau, trajet, vrille, scrutin, structure, bazar, arc, départ, fer, cher, clerc, divers, concert, personne, verdure, pasteur, auteur cuir, essor, nord, azur, turc, zéphyr**.

La consonne **s**, quand elle se prononce, a deux prononciations différentes, selon sa place et les lettres entre lesquelles elle se trouve. Au commencement et à la fin des mots, entre deux consonnes, entre une voyelle et une consonne, et entre une consonne et une voyelle, elle fait double emploi avec le **c** doux, et se prononce comme lui; exemple : **sabre, sirop, hélas, profès, lys, Senlis, abstrait, obstacle, aspect, histoire, lustre, malsain, persil, tocsin, bourse, Versailles, Ursule**. Entre deux voyelles, elle fait double emploi avec le **z**, et se prononce comme lui; exemples : **base, ruse, fusil, maison, loisir, rose**. Toutefois, la consonne **s** placée entre deux voyelles reprend la prononciation du **c** doux, quand elle est doublée; exemple : **masse, brosse, Prusse**.

La consonne **t**, quand elle se prononce, a aussi deux prononciations différentes. Dans la plupart des mots, le **t** a sa prononciation naturelle; exemples :

tard, toi, tu, train, tronc, obtenir, altéré, s'abstenir, diptère, obstacle, ut, chut, actif, tiare, partie, sortie, châtier, chrétien, Bastien, bastion. Mais, dans certains mots, le **t** fait double emploi avec le **c** doux, et se prononce comme lui; exemples : **abbatial, facétie, balbutier, Domitien, patience, nation, addition, potion, ablution, Latium, action, dictionnaire, onction, captieux, nuptial, désertion, portion**. Par les deux séries d'exemples qui précèdent, on verra que le **t** ne se prononce jamais comme le **c** doux que quand il précède la voyelle **i**, et que même il a cette prononciation dans la plupart des mots où il se trouve devant cette voyelle ; mais on reconnaîtra aussi que, dans bien des mots où le **t** se trouve devant l'**i**, il ne se prononce pas comme le **c** doux. Il n'y a donc pas à cet égard de règle précise à donner : on ne peut s'en rapporter qu'à l'usage.

La consonne **v** se prononce toujours, et toujours de la même manière. Exemples : **survivant, avocat, venir, vautour, voiture, vulgariser**.

La consonne **w** ne faisait pas partie de l'alphabet romain qui est le nôtre. Le **w** nous vient des langues allemande et anglaise, il ne se trouve guère que dans les mots que nous avons empruntés à ces deux nations, et se prononce comme chez elles. Bien qu'on l'appelle double **v**, il ne doit pas se prononcer comme un **v** doublé; il est donc bien une consonne à part, car il a sa prononciation spéciale. Ainsi, les mots **wagon**, **railway**, **Walter-Scott**, **William**, **Wéber**, doivent se prononcer **ouagon**, **railouay**, **Oualter-Scott**, **Ouilliam**, **Ouéber**. D'après ce mode de prononciation, on voit que le **w**, pourrait être pris à la rigueur pour la lettre représentative du son **ou**, et rangé parmi les voyelles.

La consonne **x**, quand elle se prononce, a quatre prononciations différentes. Ou elle fait double emploi avec le **z**, et se prononce comme lui, comme dans **deuxième**, **sixième**, **dixième**, qui se prononcent **deuzième**, **sizième**, **dizième**; ou elle fait double emploi avec le **c** doux, et se prononce comme lui, comme dans **six**, **dix**, **soixante**, qui se prononcent **siç**, **diç** **soiçante**; cependant **six** et **dix** ne se prononcent ainsi que quand ils sont seuls : *j'ai le* **six**, *j'ai le* **dix**; quand ces mots sont suivis d'un mot commençant par une voyelle ou une **h** muette, leur *x* reprend la prononciation du *z* : **six arbres**, **six hommes** se liront **siz-arbres**, **siz-hommes**; et quand ces mots sont suivis d'un mot commençant par une consonne ou une **h** aspirée, leur **x** ne se prononce plus du tout : **six tables**, **six héros** se liront **si-tables**, **si-héros**. La consonne **x** peut encore faire double emploi avec la consonne double **k** et **c** doux, et se prononce comme elle, comme dans **rixe, fixatif**, qui se prononcent **rikce, fikçatif**. Enfin, elle peut faire double emploi avec la consonne double **g** dur et **z**, et se prononce comme elle, comme dans **Xantippe, examen, exister, exiler, exaucer, exode, exubérant**, qui se prononcent **Gzantippe, egzamen, egzister, egziler, egzaucer, egzode, egzubérant**; on voit que cette quatrième prononciation de l'**x** est la plus fréquente.

La consonne **z**, la dernière de notre alphabet, quand elle se prononce, se prononce toujours de la même manière. Exemples : **bazar, zéphyr, zèbre, azimuth, zodiaque, azur, Véra-Cruz.**

Je viens d'indiquer, pour toutes les consonnes de notre alphabet, leurs doubles ou triples emplois, ainsi que leur prononciation unique, double ou multiple.

J'ai dit aussi, de certaines consonnes, qu'elles ne se prononcent pas toujours. Ces consonnes sont : **c, d, f, g, h, l, p, q, r, s, t, x, z**. Dans les mots où on ne les prononce pas, ce n'est jamais que quand elles sont consonnes finales, c'est-à-dire dernières lettres du mot, qu'elles peuvent être ainsi sous-entendues dans la prononciation, bien qu'il y ait, comme on l'a vu, beaucoup de mots où ces mêmes consonnes finales se prononcent.

On ne prononcera pas la consonne finale dans : **tabac, accroc, banc, jonc, pied, bord, badaud, clef, des œufs, neuf francs, étang, sang, hareng, poing, coing, Blidah, zénith, sourcil, fournil, drap, galop, oreiller, cocher, panier, collier, aimer, danser, manger, bas, succès, procès, frais, souris, vernis, dos, jus, refus, rat, état, bruit, profit, sabot, dépôt, rebut, faix, choix, doux, houx, nez, riz**, etc.

On ne prononcera pas les deux consonnes finales dans : **almanach, instinct, corps, exempt, prompt, il corrompt, ils rendent, les défauts, les accords, tu perds, des bœufs, des saints, des champs, des gonds, des clercs, des impôts, des égouts**, etc.

Cependant, les consonnes que contient notre alphabet, bien que plusieurs représentent la même articulation, que chez d'autres la même lettre puisse représenter des articulations différentes, et qu'une enfin équivale à elle seule et dans deux cas à deux articulations distinctes ; toutes ces consonnes, dis-je, ne suffisent pas pour représenter toutes les articulations simples que notre langue française nous met à même de formuler.

Les articulations simples que nous pouvons prononcer, et qui n'ont pas chacune, dans notre alphabet, de lettre à elles pour être représentées, sont les articulations **ch**, **gn**, et les deux **ll** dites **ll** *mouillées*, que l'on trouve dans **chapeau**, **cheval**, **gagnant**, **peigne**, **ignorance**, **bille**, **fille**. Il est évident que ce sont là des articulations à part, n'ayant de ressemblance avec aucune autre, parfaitement simples dans la prononciation, et que, faute d'une lettre spéciale pour représenter chacune d'elles, on représente conventionnellement par deux lettres. J'appellerai ces consonnes, des consonnes simples en elles-mêmes et doubles seulement dans l'écriture. On ne devra pas les confondre avec les vraies consonnes doubles dont je vais bientôt parler.

Auparavant, je ferai seulement une remarque sur **ch**, **gn**, et sur la consonne **ph**.

Ch qui est consonne simple en elle-même, et ayant sa prononciation spéciale dans **char**, **chemin**, etc., ne cesse pas d'être consonne simple au fond, mais perd cette prononciation caractéristique, et fait quadruple emploi dans le langage avec le **c** dur, le **k** et le **q** dans **Cham**, **Chersonèse**, **catéchumène**, **isochrone**, **chronomètre**, qui se prononcent **Kam**, **Kersonèse**, **catékumène**, **isokrone**, **kronomètre**, et quelques autres mots.

Gn, qui est consonne simple en elle-même dans

oignon, cognée, poignet, ignominie, etc, devient consonne double au fond et dans la forme dans **ignition, gnomon, gnostique** qui se prononcent **iguenition, guenomon, guenostique**, en appuyant à peine, bien entendu, sur l'**e** final de **gue.**

Ph qui est une consonne simple en elle-même, et double seulement dans l'écriture, fait double emploi dans la prononciation avec la consonne **f**; c'est pourquoi il n'y a pas lieu de signaler, pour cette consonne, l'absence d'une lettre spéciale dans l'alphabet. Le **ph** ne se trouve jamais que dans des mots venus du grec ancien ou de l'hébreu, comme **phare, Phèdre, photographie, physique, Joseph.**

La consonne **ph** qui se prononce comme l'**f**, et certaines consonnes simples dans l'écriture que l'on a vu se prononcer parfois comme d'autres, nous montrent que, de même qu'il y a des voyelles équivalentes, il y a aussi des *consonnes équivalentes*.

J'arrive maintenant aux consonnes qui sont toujours doubles au fond et dans la forme.

Parmi ces consonnes, j'appellerai *consonnes doublées* celles qui se composent de la même consonne écrite deux fois consécutivement.

Les consonnes doublées, tantôt se prononcent en effet doublement et très-distinctement, comme dans **abbatial, accent, accepter, addition, effectif, agglomération, illusion, Emmanuel, annotation, appendice, erreur, assigner, attraction, lazzaroni** (qu'il faut lire *ladzaroni*). Tantôt, elles se prononcent comme si la consonne était simple, comme dans **abbé, accoucher, affaire, alliance, ville, canne, annoncer, arriver, attendre.** On voit, par les exemples précédents, que les consonnes **b, c, d, f, g, l, m, n, p, r, s, t, z,** sont les seules qu'en français on rencontre doublées.

Les autres consonnes doubles se composent de deux consonnes différentes, comme dans **bras, couple, cloison, druide, flèche, graveur, diptère, ptérodactyle, psychologie, glace, mnémotechnie, spéculer, spongieux, studieux.**

Nous avons vu enfin qu'il y a en français des consonnes triples, comme dans **sclérotique, scribe, scrutin, splendeur, stratégie, stribord, strophe, structure.**

Il a été dit que les consonnes sont formées par les lèvres, les dents, la langue et le palais. D'après celui de ces organes qui concourt plus particulièrement à les produire, les consonnes sont dites : *labiales*, quand elles sont formées par les lèvres, comme **b**, **p**, **v**, **f**, **m** ; *dentales*, quand elles sont formées par la langue venant frapper contre les dents, comme **d**, **t**; *linguales*, quand elles sont formées par la langue à peu près seule, comme **l**, **n**, **j** ; *palatiales*, quand elles sont formées par la langue venant frapper contre le palais, comme **c** dur, **g**, **k**, **q**, **r**. On appelle consonnes *sifflantes* celles que l'on prononce avec un léger sifflement, comme **c** doux, **s**, **z**.

Comme dernière remarque sur les consonnes, je ferai observer que les consonnes devant nécessairement agir sur les voyelles pour être entendues, il en résulte qu'une ou même plusieurs consonnes consécutives ne peuvent à elles seules constituer une syllabe. Ainsi, les mots **stable**, **splendeur**, **gnomon** n'ont que deux syllabes, **structure** n'en a que trois, et **ptéropode** n'en a que quatre, les consonnes **s**, **g**, **p**, qui sont au commencement de ces mots ne pouvant à elles seules former une syllabe.

CONCLUSION

Dans l'étude attentive que nous venons de faire de notre alphabet, nous avons reconnu des insuffisances, des superfluités, des irrégularités en grand nombre.

Si nous recherchons la cause de tous ces défauts, nous la trouverons d'abord dans cette circonstance commune à tous les alphabets, que les langues se sont formées avant leurs grammaires. Quand, ensuite, pour fixer ces langues, on a voulu les assujettir à des règles, c'est-à-dire mettre de l'ordre dans ce chaos de tournures de phrases, d'orthographes de mots, de lettres incohérentes, on n'a pu que réformer, améliorer, épurer partiellement ; mais, dans un grand nombre de cas, on a dû se soumettre à l'usage établi contre lequel la logique prévaut rarement.

Une autre cause de l'imperfection de nos alphabets, se trouve dans la nouveauté relative des langues modernes. Ces langues, dernières venues dans la multitude des langages qui se sont parlés sur la terre depuis que l'homme y habite, ont d'abord puisé leurs éléments dans toutes les langues anciennes ; puis, les langues barbares leur ont aussi fourni leur contingent ; et chaque langue enfin a fait des emprunts aux autres langues modernes qui se parlent autour d'elle. Cette nouveauté des langues modernes et les sources si diverses d'où elles dérivent, expliquent, selon moi, plus péremptoirement encore que l'usage, la présence de tous ces éléments disparates qui existent dans l'édifice de ces langues et dans leurs alphabets.

Ces considérations me conduisent à en présenter une dernière : c'est que, si l'élément du mot parlé est la syllabe formée de sons et d'articulations, ou seulement de sons avec ou sans aspiration, l'élément du mot écrit est la lettre. Voilà pourquoi, dans la langue maternelle surtout, il est plus aisé de bien prononcer un mot que de le bien écrire. Pour bien prononcer un mot, il suffit d'avoir un peu d'attention et un peu d'oreille : on écoute de quelle manière une personne instruite prononce ce mot, et on arrive facilement à le prononcer comme elle. Mais, pour bien orthographier un mot, la difficulté est plus grande : il faut y mettre toutes les lettres que l'usage et la grammaire veulent qu'il contienne, et n'y mettre que celles-là ; or, si l'on n'a jamais que parlé ou entendu parler ce mot, on se trouve embarrassé pour l'écrire, car il se peut qu'il renferme des lettres qui ne se prononcent pas, et que telle lettre avec laquelle on voudrait l'écrire, y soit, d'après l'usage, remplacée par une autre lettre équivalente ; aussi, n'y a-t-il d'autres moyens, pour arriver à bien mettre l'orthographe, que d'étudier la grammaire, de consulter le dictionnaire, et de s'appliquer à la lecture, trois recommandations que je fais en terminant à mes plus jeunes lecteurs, lesquels, ils le savent bien, parlent généralement plus et mieux qu'ils n'écrivent.

APPENDICE

DE L'ORIGINE DE LA FORME DES LETTRES

Pour rendre plus complet ce petit traité sur l'Alphabet, je vais rechercher, dans cet appendice, l'origine de la forme des lettres.

N'étant guidé, dans cette recherche, par aucun document certain, l'imagination en fera tous les frais. Il est donc hors de doute que je commettrai bien des erreurs, et que mes opinions pourront être plus d'une fois contredites ; mais je ne les donne que pour ce qu'elles sont, c'est-à-dire pour de simples conjectures toutes personnelles, dont l'exactitude ne me paraît pas absolument impossible, mais dont je me garde bien d'affirmer en aucune façon la véracité.

Afin même de ne pas m'engager dans des difficultés dont je prévois que je ne sortirais pas, je ne m'occuperai que de notre alphabet en lettres majuscules d'impression, lequel, comme on sait, nous vient des Romains.

Quant aux lettres minuscules d'impression, je ne crois pas qu'il y ait aucune analogie entre leurs formes et les sons ou les articulations qu'elles représentent.

A plus forte raison en dirai-je autant des lettres majuscules et miniscules de l'écriture à la main, dans le dessin desquelles la fantaisie de la personne qui écrit entre pour beaucoup. Chacun sait d'ailleurs que, dans la suite des siècles, le système d'écriture à la main, et dans notre France seulement, a bien des fois changé totalement ses formes ; ainsi, au moyen âge, on écrivait la *gothique*, à laquelle a succédé la *ronde ;* celle-ci a fait place à la *bâtarde*, qui a été suivie de la *coulée*, laquelle enfin a été remplacée par l'*anglaise* que l'on écrit aujourd'hui avec toutes ses variétés, et concurremment avec tous les genres d'écritures antérieurs.

Je vais donc m'occuper uniquement des lettres majuscules d'impression, en faisant remarquer, quant aux consonnes, que pour mieux constater les rapports que j'ai cru entrevoir et que j'ai essayé de décrire, entre leurs formes et leurs prononciations, il faut les prononcer BE, CE, DE, FE, GUE, JE, ME,

Ne, etc., et non *bé, cé, dé, effe, gé, ji, emme, enne*, etc., comme elles se prononcent ordinairement.

La lettre A, avec sa forme d'angle aigu dont les deux côtés sont réunis vers leur milieu par une ligne transversale, ne figure-t-elle pas la bouche entr'ouverte au moment où elle prononce ce son A, et qui, chez certaines personnes, laisse voir un petit filet de salive reliant la langue au palais ?

La lettre B, avec ses deux demi-cercles, figure les deux lèvres appliquées fortement l'une contre l'autre, avant qu'elles se séparent pour prononcer Be.

La lettre C, commençant par sa tête de clou qui donne naissance à un demi-cercle tracé en se dirigeant d'abord de droite à gauche, indique, au moment où l'on prononce le C dur, le mouvement de la langue qui vient frapper d'abord contre le palais, puis se remet au repos en décrivant un demi-cercle dirigé de l'avant à l'arrière de la bouche.

La lettre D, avec son demi-cercle unique, figure le bout de la langue engagé et serré entre les dents au moment où l'on prononce De.

Les deux grandes branches horizontales de la lettre E figurent les deux mâchoires entr'ouvertes, et la petite branche horizontale la langue se tenant suspendue au milieu de la bouche, au moment où l'on prononce le son E (muet).

La grande branche verticale de la lettre F me semble figurer un petit mât au haut duquel serait attachée une banderole d'étoffe ou de papier, une autre banderole plus courte se trouvant attachée au milieu du mât. Si l'on souffle contre ce petit mât, en prononçant FE, les deux banderoles vont s'écarter, et dans la direction qu'elles prendront alors, elles seront représentées par les deux branches horizontales de la lettre qui nous occupe.

A cause de la grande ressemblance de forme entre les lettres C et G, j'appliquerai à cette dernière les mêmes remarques que j'ai faites sur la première.

Les deux branches verticales de la lettre H me paraissent figurer la langue et le palais entr'ouverts au moment de l'aspiration ; quant à la ligne horizontale qui les réunit, elle figurerait le filet de salive dont il a déjà été parlé.

La lettre I, formée d'une seule ligne droite, figurerait la bouche s'allongeant en ligne droite vers les oreilles au moment où l'on prononce I. Je conviens que ce rapprochement me paraît un peu forcé, la lettre I consistant en une ligne droite verticale, tandis que la bouche s'allonge horizontalement quand on prononce I.

La lettre J, ligne droite courbée à une de ses extrémités, me semble figurer la langue qui se courbe pour venir, par son extrémité, toucher le palais, quand on prononce JE ou JI.

L'angle aigu formé par les deux branches obliques

de la lettre K, et venant frapper par son sommet sur le milieu de la branche verticale de la lettre, indiquerait le choc du bout de la langue contre le palais, qui se produit quand on prononce K.

La grande branche horizontale de la lettre L figurerait la langue s'allongeant quand on prononce Le.

La lettre M est une consonne labiale comme le B; aussi, à ces deux angles aigus symétriques qui forment le dessin de l'M, je ferais représenter les deux lèvres entr'ouvertes après avoir été jointes au moment où l'on prononce Me, comme j'ai fait aussi représenter les deux lèvres aux deux demi-cercles du B.

La forme en zigzag de la lettre N ne me paraît figurer aucun mouvement des parties de la bouche, mais le mouvement de va-et-vient que l'on donne à la tête ou à la main droite, quand on veut dire NON sans parler.

La forme arrondie de la lettre O figure évidemment cette ouverture circulaire que laissent entre elles les extrémités des lèvres allongées et serrées l'une contre l'autre par les côtés, au moment où l'on prononce le son O.

La lettre P, consonne labiale comme le B, et qui, dans son dessin, n'est qu'un B inachevé, représente comme lui, sinon les deux, mais au moins l'une des deux lèvres qui concourent à la prononcer.

La lettre Q, à dénomination malséante, affecte une forme qui ne l'est pas moins, car elle vise à représenter la partie du corps des animaux dont elle porte le nom, sans omission du long ornement que la nature y a attaché.

La lettre R n'a d'analogie avec l'articulation qu'elle représente, que dans cette courbe gracieuse qui est au-dessous de son demi-cercle, et qui, par son mouvement ondulatoire, figure assez bien ce frétillement de la langue contre le palais quand on prononce Re.

La lettre S, consonne sifflante, a la forme du serpent, reptile siffleur.

La lettre T, en forme de marteau, représente ce mouvement de percussion de la langue contre les dents, nécessaire pour prononcer Te.

La lettre U, en forme de demi-cercle par le bas, et s'allongeant par le haut en deux lignes droites parallèles, représente parfaitement l'allongement des deux lèvres au moment où l'on prononce le son U.

La lettre V, avec sa forme angulaire, figure aussi très-bien la direction divergente que prennent les molécules d'air en sortant de la bouche, quand on prononce Ve, ou quand on souffle une bougie. C'est de même sous cette forme divergente du V que les peintres représentent le vent sortant de la bouche des zéphyrs.

Ce que je viens de dire du V, s'applique au W.

La lettre X, formée de deux diagonales qui s'entre-coupent, représente par là les deux consonnes

KC, ou GZ, auxquelles elle équivaut le plus ordinairement, et qui s'entre-croisent de même dans la prononciation.

La lettre Y, formée en bas d'une ligne droite qui se bifurque vers le haut, n'indiquerait-elle pas, par cette disposition, qu'elle équivaut tantôt à un seul *i*, et tantôt à deux *ii*.

Enfin, la lettre Z, avec sa forme en zigzag comme l'N, représente bien le mouvement de va-et-vient qu'exécute la langue chez les personnes affectées du défaut de prononciation appelé le zézaiement.

Il n'est pas jusqu'au vieux signe &, qu'on ne peut considérer comme une lettre, mais qui, par sa forme entortillée, ne figure à merveille tout le vague d'idées contenu sous ces mots latin *et cœtera* (et le reste) qu'on lui fait signifier.

FIN.

TABLE DES MATIÈRES

FIN DE LA TABLE DES MATIÈRES.

Paris. Imprimerie de P.-A. BOURDIER et Cie, rue des Poitevins, 6.

www.ingramcontent.com/pod-product-compliance
Ingram Content Group UK Ltd.
Pitfield, Milton Keynes, MK11 3LW, UK
UKHW020404220726
13923UKWH00004B/1723